AF312377

VENTE APRÈS DÉCÈS DE M. CH. NOEL

HOTEL DROUOT, SALLE N° 2

Les Jeudi 23, Vendredi 24 et Samedi 25 Avril 1891, à 2 heures

ET SALLE N° 10

Les Lundi 27, Mardi 28 et Mercredi 29 Avril 1891, à 2 heures

BEAUX MOBILIERS

TRÈS BEAUX

Bronzes d'Art et d'Ameublement

ÉMAUX CLOISONNÉS, ONYX D'ALGÉRIE

Fournis par la **MAISON BARBEDIENNE**

MARBRES DE CLÉSINGER ET D'AIZELIN

ARGENTERIE DE TABLE

Vins fins, etc.

EXPOSITION PUBLIQUE

Le Mercredi 22 Avril 1891, de 1 heure 1/2 à 5 heures 1/2

Me G. DUCHESNE	**M. A. BLOCHE**
COMMISSAIRE-PRISEUR	EXPERT
Successeur de Me ESCRIBE	*Près la Cour d'Appel*
Rue de Hanovre, n° 6	Rue de Châteaudun, n° 25

PARIS — 1891

IMPRIMERIE MAULDE et RENOU

A. MAULDE & Cie

IMPRIMEURS DE LA COMPAGNIE DES COMMISSAIRES-PRISEURS

Rue de Rivoli, 144. — Paris

CATALOGUE

DES

BEAUX MOBILIERS

En Palissandre, Acajou et Noyer sculpté

POUR SALONS, SALLES A MANGER, CHAMBRES A COUCHER ET CABINETS DE TRAVAIL

Tapis, Rideaux en soie

MEUBLES ANCIENS

TRÈS BEAUX BRONZES D'ART & D'AMEUBLEMENT

Émaux cloisonnés, Marbres onyx d'Algérie

Fournis par la Maison BARBEDIENNE

STATUES ET BUSTES EN MARBRE

La Zingara, par *Clésinger* — L'Amazone blessée, par *Aizelin*

Armes, Porcelaines de Chine et du Japon
Objets de vitrine, Grande Table en marbre, Guéridon en jaspe antique
Tableaux, Gravures, Livres

35 KILOGRAMMES D'ARGENTERIE DE TABLE

LINGE DE MAISON

3,000 BOUTEILLES DE VINS FINS

Le tout dépendant de la Succession de M. Ch. NOEL

Et provenant de son appartement à PARIS et de sa propriété de VILLENEUVE-LE-ROI

DONT LA VENTE AURA LIEU, APRÈS SON DÉCÈS

HOTEL DROUOT — SALLE N° 2

Les Jeudi 23, Vendredi 24 et Samedi 25 Avril 1891, à deux heures

ET SALLE N° 10

Les Lundi 27, Mardi 28 et Mercredi 29 Avril 1891, à deux heures

Par le ministère de **Mᵉ G. DUCHESNE,** Commissaire-Priseur
Successeur de M. ESCRIBE, rue de Hanovre, 6

Assisté, pour les Objets d'art, de **M. A. BLOCHE,** Expert près la Cour d'Appel
Rue de Châteaudun, 25

EXPOSITION PUBLIQUE

Le Mercredi 22 Avril 1891, de 1 heure 1/2 à 5 heures 1/2

CONDITIONS DE LA VENTE

—

Elle sera faite au comptant.

Les Acquéreurs paieront, en sus des adjudications,
CINQ CENTIMES PAR FRANC.

Aucune réclamation ne sera admise une fois l'adjudi-
cation prononcée.

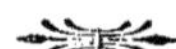

A. MAULDE et Cⁱᵉ, imprimeurs de la Compagnie des Commissaires-Priseurs,
rue de Rivoli, 144   900—14152

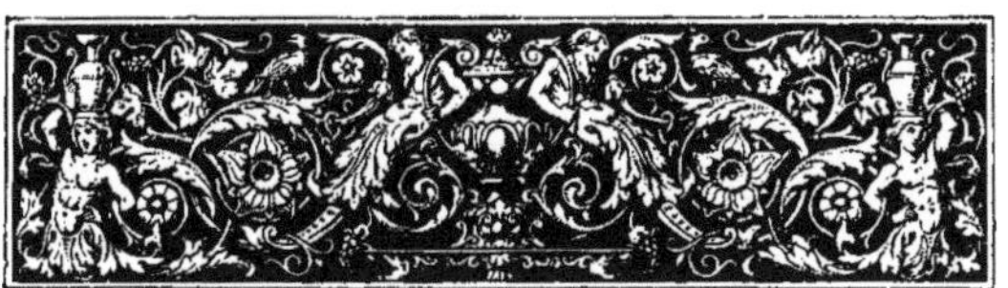

DÉSIGNATION

—❧—

SCULPTURES EN MARBRE

—

AIZELIN

1 — **L'Amazone blessée.**

Statue en marbre blanc, grandeur nature. (Datée 1876.)
Sur socle en marbre rouge griotte.

H. de la statue, 1^m90 ; H. du socle, 0^m90.

CLÉSINGER

2 — **La Zingara.**

Statue en marbre blanc, grandeur nature. Datée
Rome 1858.

Sur socle rond en marbre rouge griotte.

H. de la statue, 2^m20 ; H. du socle, 1^m05.

CLÉSINGER

3 — Paris.

Buste en marbre blanc, grandeur nature.

H. 0^{m}90.

CLÉSINGER

4 — Hélène.

Buste en marbre blanc, grandeur nature.
Pendant du précédent.

H. 0^{m}90.

CLÉSINGER

5 — Dame romaine.

Buste en marbre blanc, grandeur nature.

Sur socle en marbre rouge griotte, garni de bronze doré.

H. 0^{m}70, sans le socle.

ROBERT (Elias)

6 — Jésus enfant couronné d'épines.

Buste en marbre blanc. (Signé et daté 1865.)

BRONZES D'ART

7 — **Antique** (D'après l'). Diane de Gabies. Statue bronze. — Edition *Barbedienne*. — H. 0ᵐ70.

8 — **Antique** (D'après l'). Vénus de Milo. Statue en bronze. — Edition *Barbedienne*. — H. 0ᵐ80.

9 — **Coustou.** Marie Leczinska. Statue en bronze. Edition *Barbedienne*. — H. 0ᵐ78.

10 — **Coysevox.** Le Joueur de Flûte. Statue en bronze. Edition *Barbedienne*.

11 — **Pradier.** Sapho. Statuette en bronze argenté. Edition de *V. Paillard*. — H. 0ᵐ45.

12 — **Clésinger.** La Zingara. Statue en bronze, sur socle en marbre. Edition *Barbedienne*. — H. totale 1ᵐ10.

13 — **Clésinger.** Femme couronnée de lierre. Buste en bronze. Edition de *Barbedienne*.

14 — **Barye.** Chien Basset, en bronze.

15 — **Barye.** Pendant du précédent.

16 — **Paul Dubois.** Le Courage militaire. Statue en bronze, sur socle en marbre noir. Edition *Barbedienne*. — H. totale 0ᵐ85.

17 — **Mercié.** David (Après le Combat). Statue en bronze. Edition *Barbedienne*. — H. 0ᵐ70.

18 — **Mène.** Chien en bronze.

BRONZES D'AMEUBLEMENT

ÉMAUX CLOISONNÉS

OBJETS D'ART ET DE CURIOSITÉ

—

19 — Belle Garniture de Cheminée formée d'un groupe
en bronze : les Parques, de Clésinger et deux Candélabres, formés de vases de style grec, ornés de bas-
reliefs à sujets mythologiques, avec bouquets à dix
lumières. Sur socles en marbre onyx d'Algérie.
Fournie par la *Maison Barbedienne.*

20 — Beau Lustre à trente-six lumières, en bronze doré,
très richement garni de cristaux, pendeloques et guir-
landes, style Louis XVI. Fourni par la *Maison Barbedienne.*

21 — Deux paires d'Appliques à huit lumières, en bronze
et cristaux même modèle.

22 — Garniture de foyer, en bronze doré, modèle à
cariatides de Priape. Fournie par la *Maison Barbedienne.*

23-25 — Trois Grands Vases en marbre onyx d'Algérie,
montures en bronze doré. Fournis par la *Maison
Barbedienne.*

26-28 — Trois Suspensions à Lampe, en marbre onyx
d'Algérie, montées en bronze doré. Fournies par la
Maison Barbedienne.

29 — Lanterne pentagonale avec cage en bronze et
émail cloisonné, ornée de six lumières. Fournie par
la *Maison Barbedienne.*

3o — Coupe en marbre onyx d'Algérie, montée en
bronze, de *Barbedienne.*

3r — Paire de Candélabres à figures de nymphes debout,
en bronze, patine foncée, portant des bouquets en
bronze doré, de *Barbedienne.*

32 — Belle Pendule, modèle de Boule, en marqueterie
d'écaille, richement garnie de bronze doré. Fournie
par la *Maison Barbedienne.*

33-34 — Deux paires de Lampes en bronze, ornées de
bas-reliefs à figures, de *Barbedienne.*

35 — Grande Bonbonnière, en ancien émail cloisonné
de la Chine, fond bleu turquoise, décor polychrome.
Monture en bronze, de *Barbedienne.*

36 — Lustre à huit lumières, en bronze argenté et
bruni, de *Barbedienne.*

37 — Lustre à six lumières, en cuivre nickelé, style fla-
mand, de *Barbedienne.*

38 — Paire de Vases, en ancien émail cloisonné de
Chine, fond bleu turquoise, à médaillons fond blanc,
dessin polychrome, monture en bronze noirci.

39 — Jardinière avec plateau, en émail cloisonné, de *Barbedienne*.

40 — Deux Consoles d'applique à tête d'éléphant, en bronze fumé et frotté, style chinois.

41 — Vase en bronze japonais, monture en bronze fumé et frotté, de *Barbedienne*.

42 — Paire de Candélabres à sept lumières, en émail cloisonné et bronze doré, de *Barbedienne*.

43 — Lustre à vingt lumières, en bronze doré, garni de cristaux, style Louis XVI. Fourni par la *Maison Barbedienne*.

44 — Belle Suspension à quinze lumières et une lampe en bronze nickelé et doré, de *Barbedienne*.

45 — Deux Bras d'applique à une Lampe, de même modèle.

46 — Beau Cartel, en bronze doré et nickelé, modèle à figures d'enfant, coquille et mufle de lion, de *Barbedienne*.

47 — Très belle Plaque ronde, en émail cloisonné : Le Faisan doré. Bordure en bronze doré. Travail de *Barbedienne*. Diam. 0^{m}90. (A figurée à l'Exposition de Vienne).

48 — Suspension Jardinière à six lumières, en marbre onyx d'Algérie, monture en bronze doré et émail cloisonné, de *Barbedienne*.

49 — Christ sur croix, en émail cloisonné et bronze de *Barbedienne.*

5o — Beau Lustre à trente-six lumières, en bronze garni de cristaux. Fourni par la *Maison Barbedienne.*

51-52 — Quatre beaux Vases, en marbre onyx d'Algérie, montés en bronze doré, par *Barbedienne.*

53 — Deux Lampes, en porcelaine bleue, avec monture en bronze doré et onyx d'Algérie, de *Barbedienne.*

54 — Socle rectangulaire, en marbre onyx d'Algérie et bronze doré, style Louis XV, de *Barbedienne.*

55 — Pendule, en marbre noir, ornée de six figurines de philosophes en bronze, et surmontée d'une statuette en bronze : le Penseur, d'après Michel-Ange. Fournie par la *Maison Barbedienne.*

56 — Deux Candélabres à huit lumières, en porcelaine bleue, montés en bronze doré, de *Barbedienne.*

57 — Deux Chenets à boules et masques d'enfants et un grand Garde-Cendres en cuivre. Fourni par la *Maison Barbedienne.*

58 — Grand Vase, en émail cloisonné, monté sur trépied, style grec, à têtes de chimères, en bronze doré, de *Barbedienne.*

59 — Cartel, en bronze doré, du temps de Louis XVI, de *Imbert L'Aîné, à Paris.*

6o — Petit Lustre à huit lumières, en bronze gravé, doré et argenté, style oriental. Travail de *Barbedienne.*

61 — Deux Candélabres à cinq lumières, en bronze, style grec, de *Barbedienne*.

62 — Suspension et sa Lampe, en bronze doré et argenté, de *Barbedienne*.

63 — Belle Jardinière de table, en bronze doré et argenté, de *Barbedienne*.

64-65 — Deux Pendules du temps de Louis XVI, dont une en marbre et bronze doré, modèle à colonnes, et à cariatides de femme et bas-relief, en bronze.

66 — Pendules, Candélabres, Flambeaux, Lustres, Lampes, Galeries de foyer, Chenets et autres objets, en bronze doré. Fournis en grande partie par la *Maison Barbedienne*.

67 — Plusieurs Pendules en marbre.

68 — Quantité de Coupes, Jardinières, Vases, Coffrets et autres Objets de fantaisie, en bronze doré, émail cloisonné, marbre onyx, etc. Fournis par la *Maison Barbedienne*.

69 — Beau Guéridon rond, formé d'une plaque de jaspe vert antique, provenant de l'église de Sainte-Sophie, monture à trépieds, à têtes de femmes, en bronze, de *Barbedienne*.

70 — Très belle Table, en marbre bleu turquin, incrusté de marbre blanc, sur pied en marbre bleu turquin. Diamètre : 1^m95.

71 — Grand Brasero, en cuivre repercé, repoussé et poli. Travail du xviie siècle.

72 — Deux Panoplies, composées de boucliers, de cas-
ques, de sabres à lames courbes et droites, d'épées,
de fers de lance, fleurets. Le tout de fabrication orien-
tale et européenne (Seront divisées.)

73 — Jardinière, en ancienne porcelaine du Japon, décor
à la chimère, polychrome et or, monture en bronze
doré, style japonais.

74 — Beau Vase, en porcelaine de Chine, décor flambé
aubergine, monture en bronze doré, style Louis XVI.

75 — Joli Cabinet japonais, en laque et ivoire laqué.

76 — Lampe, en porcelaine de Chine céladon craquelé,
monture en bronze.

77 — Narghileh en métal incrusté. Travail oriental.

78 — Bas-Relief ovale, représentant une tête de femme,
sculpture sur marbre onyx d'Algérie.

79 — **Objets divers :** Émaux cloisonnés, chinois et
japonais, Ivoires laqués, Bronzes chinois, Poteries
antiques, Montres anciennes, Porcelaines de Saxe,
Faïences, etc.

80 — Longue-Vue de Bardou, avec trépied en acajou.

81 — Vingt Tableaux, la plupart par VICTOR PLACE : Pay-
sages, marines, fleurs et nature morte.

82 — Dessins, Gravures, Lithographies, Photographies.

MEUBLES ANCIENS

83 — Toilette Louis XVI, en marqueterie.

84 — Etagère Louis XVI, en palissandre, ornée de cuivres.

85 — Deux Encoignures Louis XVI, en palissandre, ornées de cuivres.

86 — Table Louis XVI, en palissandre, ornée de cuivres.

87 — Console Louis XVI, en acajou, ornée de cuivres, avec deux Tablettes en marbre bleu turquin.

88 — Meuble à hauteur d'appui, en marqueterie de bois Louis XVI, orné de bronzes; dessus de marbre onyx.

89 — Deux Encoignures de même travail.

90-96 — Sept Commodes, du temps de Louis XV et Louis XVI, en marqueterie de bois, bois rose, bois de violette et palissandre, etc., ornées de bronzes. Dessus de marbre.

97 — Grand Secrétaire, du temps de Louis XVI, en palissandre et bois rose.

98 — Bibliothèque du temps de Louis XVI, en acajou, garnie de cuivres.

99 — Grand Bureau à cylindre, du temps de Louis XVI, en acajou, garni de cuivres.

100 — Toilette à coiffer, en acajou, du temps de Louis XVI.

101 — Grand Guéridon rond en acajou, orné de bronzes.
du temps de l'Empire.

101 *bis* — Nombreux Sièges, en bois sculpté et peint en
blanc, du temps de Louis XV et Louis XVI :
Canapés droits et cintrés, Bergères, Fauteuils,
Chaises, etc., recouverts en cretonne et velours.

MEUBLES

102 — Bel Ameublement de salle à manger, en acajou à
moulures noircies, composé de : une grande Table
sur un seul pied, avec ses allonges et dix-huit
Chaises couvertes en cuir gaufré et doré, à animaux
héraldiques.

103 — Ameublement de salle à manger, en noyer
sculpté, style Renaissance, composé de : un grand
Buffet-Etagère à quatre vantaux, dont deux cintrés,
deux Etagères, une Table à allonges et dix-huit
Chaises couvertes en peau de truie.

104 — Meuble de salon, en palissandre à moulures de
bronze doré, recouvert en brocatelle, à dessin havane,
sur fond vieil or, composé de : un grand Canapé,
deux petits Canapés, cinq Fauteuils et quatre
Chaises.

105 — Meuble de salon en damas de soie rouge, composé de : trois Canapés, neuf Fauteuils et quatre
Chaises légères.

106-107 — Deux Meubles à hauteur d'appui à un vantail, en marqueterie de bois, garnis de bronzes dorés. Dessus en marbre onyx.

108 — Belle Table de salon, en marqueterie de bois à fleurs et attributs, ornée de bronzes dorés.

109 — Beau Meuble à hauteur d'appui à deux vantaux, en marqueterie de bois à fleurs, orné de bronzes dorés. Dessus de marbre onyx d'Algérie.

110-111 — Quatre jolis Meubles d'encoignure à hauteur d'appui, de même travail. Dessus de marbre onyx d'Algérie.

112-113 — Deux Tables à jeux, en marqueterie de bois ornées de bronzes.

114-115 — Deux Tables à jeux, en palissandre sculpté à moulures en bronze doré.

116 — Ameublement de chambre à coucher, en palissandre sculpté, composé de : Lit, Armoire à glace, Commode et Table de nuit.

117 — Porte-Gravures, en bois sculpté.

118 — Table de milieu, en marqueterie de bois, ornée de bronzes.

119 — Table à ouvrage, en marqueterie de bois, ornée de bronzes.

120 — Un Canapé, trois Fauteuils et quatre Chaises en satin vert olive.

121 — Ecran en bois doré avec feuille en tapisserie.

122 — Tables diverses de fantaisie.

123 — Quantité de Meubles divers en acajou, palissandre, chêne : Buffets, Étagères, Bureaux, Vitrines. Tables à écrire, à jeux, à ouvrage. etc., Bibliothèques, Commodes, Toilettes, Lits. etc., etc.

124 — Sièges divers : Divans, Canapés, Fauteuils. Chaises. Fumeuses, Chauffeuses, Tabourets. Chaises légères. en velours, damas et soie, soieries de fantaisie.

125-128 — Quatre Coffres-Forts en fer. de *Petitjean. Lepaul.* etc.

129 — Orgue de *Mustel*, en bois noir.

130 — Piano droit de *Pleyel*, en palissandre.

131 — Belle Glace biseautée avec cadre en glace.

132 — Glaces avec cadres dorés.

133 — Rideaux de croisée, de portière et de lit en damas de soie, tapisserie d'Aubusson. reps, velours. drap. tapisserie mécanique, perse, cretonne, etc.

134 — Nombreux tapis en moquette.

135 — Tapis en fourrure.

136 — Bonne et nombreuse Literie : Matelas, Lits de plumes, Oreillers, Traversins. Edredons, Couvertures de laine et de coton.

137 — Meubles et Literie de chambres de domestiques.

LIVRES

138 — Quatorze Volumes: Histoire des Peintres, de Charles Blanc.

139 — L'Imitation de Jésus-Christ. Édition *Curmer*.

140 — Ouvrages divers : La Touraine, Le Lac, Contes de Perrault, Don Quichotte, le Mont Saint-Michel, Vaux-le-Vicomte.

141 — Œuvres de Thiers, Vaulabelle, Louis Blanc, de Barante, Dulaure, Musset, Coppée, Racine, Molière, Delavigne, etc., etc.

ARGENTERIE

142-145 — Quatre Plats ovales, en argent.

146-157 — Douze Plats ronds, en argent.

158-159 — Deux Légumiers avec couvercles et double-fonds, en argent.

160 — Saucière sur plateau avec double-fond, en argent.

161 — Deux Bouts-de-Table et huit Salières, en argent.

162 — Cafetière, en argent.

163 — Tasse avec Soucoupe et Cuiller, en argent.

164 — Couverts de table et d'entremets, Cuillers à café et à compote, Louche, et autres pièces, en argent.

165 — Couteaux de table et de dessert, Fourchettes à huitres, montés en argent.

ARGENTURE

166 — Plateaux, Réchauds, Service à thé, Ménagère. Plateaux à bouteilles.

LINGE DE MAISON, etc.

167 — Draps et Taies d'oreillers de maître et d'office.

168 — Serviettes diverses pour la toilette, Dessus de toilette.

169 — Services de table pour douze et vingt-quatre couverts, en toile damassée.

170 — Tabliers de valets de chambre, de femme de chambre et de cuisine, Torchons.

171 — Rideaux de croisée et de vitrage.

172 — Bonne Batterie de cuisine en cuivre, fer blanc et fer battu.

173 — Poêle Choubersky.

174 — Porcelaines, Faïence et Verrerie, pour service de table.

———————

CAVES

———

175 — Environ 3,000 Bouteilles de vins fins et ordinaires :

Bordeaux rouges : Saint-Émilion, Cantenac, Château d'Issan, Brane-Cantenac, Pontet-Canet, Château Léoville, Brane-Mouton.

Bordeaux blancs : Graves, Barsac, Sauterne, Haut-Sauterne, Latour-Blanche, Château Yquem, Lur Saluces.

Bourgogne : Thorins, Chambertin, Clos Vougeot, Romanée, Montrachet.

Champagne : Rœderer, Moët.

Vins étrangers : Moscatel, Porto, Zucco, Constance.

Cognac, Fine-Champagne, Rhum, Liqueurs des Iles.

IMPRIMERIE A. MAULDE ET Cⁱᵉ

144, RUE DE RIVOLI. — PARIS